COMPAGNIE DES CHEMINS DE FER DU MIDI.

NOTICE

SUR

L'EMBARQUEMENT DES CHARBONS

DANS LES PORTS ANGLAIS

PAR

M. E. MOREAU

PARIS

LIBRAIRIE SCIENTIFIQUE, INDUSTRIELLE ET AGRICOLE

Eugène LACROIX, Éditeur

Librairie de la Société des Ingénieurs Civils

QUAI MALAQUAIS, 15

1867

COMPAGNIE DES CHEMINS DE FER DU MIDI.

NOTICE

SUR

L'EMBARQUEMENT DES CHARBONS

DANS LES PORTS ANGLAIS

PAR

M. E. MOREAU

PARIS

LIBRAIRIE SCIENTIFIQUE, INDUSTRIELLE ET AGRICOLE

Eugène LACROIX, Éditeur

Libraire de la Société des Ingénieurs Civils

QUAI MALAQUAIS, 15

1867

TABLE DES MATIÈRES.

NOTICE

SUR

L'EMBARQUEMENT DES CHARBONS

DANS LES PORTS ANGLAIS.

PAR M. **E. MOREAU.**

Les moyens mécaniques employés à l'embarquement des charbons, dans les ports anglais, sont très-variés ; ils diffèrent d'après la forme du matériel roulant employé au transport sur les rail-ways, la nature du charbon et les habitudes locales ; toutes ces conditions ont influé, plus ou moins, sur la disposition des appareils et sur leur combinaison mécanique.

L'exportation des charbons du pays de Galles n'a pris de grands développements que depuis quelques années ; il a fallu construire des docks et profiter de l'expérience déjà acquise ailleurs pour les mieux approprier à leur destination ; les installations pour le transbordement des charbons ont ainsi un caractère local, qui les fait distinguer de celles qui avaient été déjà établies depuis longtemps dans les ports du nord de l'Angleterre. Les divers moyens employés permettent de classer ces installations en deux groupes, comprenant tous les appareils qui ont été appliqués au transbordement des charbons dans les divers bassins houillers du midi et du nord de l'Angleterre.

Nous décrirons successivement :

1° Les procédés mécaniques employés à l'embarquement des charbons dans le pays de Galles;

2° Ceux qui sont en usage dans les ports du nord de l'Angleterre.

Procédés d'embarquement des charbons employés dans les ports du pays de Galles

Les ports d'expédition des charbons du pays de Galles sont Cardiff, Newport, Swansea et Llannelly.

QUALITÉ DES CHARBONS GALLOIS. Le bassin houiller de South-Wales s'étend de Newport à Llannelly; il produit des charbons de qualités différentes, qui peuvent être classés en trois catégories suivant leur degré de dureté.

Les charbons de la première catégorie sont durs et conviennent à tous les usages de la forge; ils alimentent les grandes usines du pays, presque toutes situées dans les Western-Valleys où sont les lieux d'exploitation de ces charbons qui sont embarqués à Newport.

Ceux de la deuxième catégorie proviennent des vallées du Taff, d'Aberdare et de Merthyr; ce sont des charbons à courte flamme, moins durs que les précédents, désignés, dans le commerce, sous le nom de charbons de Cardiff où ils sont embarqués ainsi qu'à Swansea.

Enfin, la partie occidentale du bassin, comprise entre Swansea et Llannelly, donne des charbons maigres et friables ressemblant beaucoup, par leur fragilité, à ceux du midi de la France.

De tous ces charbons on n'expédie à l'étranger que le gros. Dans les vallées de Newport et dans les environs de Swansea et de Llannelly, le menu est consommé sur place par les usines à fer et à cuivre du pays; mais, dans les vallées du Taff, d'Aberdare et de Merthyr, où l'on n'a pas l'emploi du menu, on ne monte à la surface que le gros charbon.

Le menu charbon est abandonné dans la mine, par la raison qu'il ne donnerait pas à l'exploitant un prix de vente rémunérateur; en le laissant dans la mine, l'exploitant n'a pas à payer au propriétaire du fonds la redevance dont sont grevés, à son profit, tous les charbons gros et menus qui viennent au jour.

MANUTENTION DES CHARBONS. Dans les mines des vallées d'Aberdare, du Taff et de Merthyr, le gros charbon est monté à la surface dans des wagonnets de la contenance de 1000 kilog. Il a été d'abord trié et dépouillé, dans la mine, des pierres et des schistes qui l'accompagnent ordinairement. Pour éviter le bris du gros charbon, le remplissage des wagonnets, dans la mine, est fait à la main ; toutes les précautions sont ainsi prises pour livrer au commerce le maximum de gros charbon et diminuer la proportion de menu, dont la vente est sans profit pour l'exploitant. Mais, à cause de la friabilité de ces charbons, il est difficile d'atteindre entièrement ce résultat ; et, malgré tous les soins apportés aux manipulations dans la mine, le transbordement des wagonnets accuse encore une quantité notable de déchet.

Pour transborder le charbon dans les wagons de chemins de fer, le wagonnet sortant de la mine est basculé, tout à la fois, sur un couloir en tôle incliné à 45 degrés, dont le fond est fait de barres de fer rond, écartées de $0^{m},035$. Le charbon est ainsi classé en deux catégories : celui qui reste sur la grille et qui a une dimension au-dessus de $0^{m},035$, est considéré comme gros ; celui qui passe au travers et dont la dimension est inférieure à $0^{m},035$, est regardé comme menu. Cette classification en deux dimensions est la seule admise par le commerce pour les charbons gallois.

Le gros charbon glisse le long de la grille, et tombe dans le wagon placé à l'extrémité du couloir ; au-dessous du couloir est un autre wagon qui reçoit le menu fourni par le criblage.

La proportion de menu retirée ainsi du gros, est de 8 pour cent. Ces charbons menus sont employés au chauffage des machines de l'exploitation et sont rarement envoyés à Cardiff. Deux hommes suffisent à transborder le charbon dans les wagons de chemins de fer et à alimenter de wagonnets vides une extraction de 300 tonnes en 12 heures.

Ce mode de transbordement du charbon, sur le carreau de la mine, est très-expéditif et il est, pour cela, généralement pratiqué. Il convient peu cependant à la nature tendre de ces charbons ; car, à cause de la grande inclinaison du couloir, la descente est très-rapide et le gros charbon, en arrivant dans le wagon, se brise en faisant du menu.

WAGONS EMPLOYÉS AU TRANSPORT DES CHARBONS. Tous les wagons employés au transport des charbons sont munis d'une portière à l'une des extrémités, ouvrant de bas en haut, pour servir au déchargement. La contenance des wagons est variable, elle est de 5 à 10 tonnes : ceux qui circulent sur les chemins à voie étroite portent jusqu'à 7 tonnes ; sur le South-Wales rail-way, qui est à voie large, ils en portent 10.

Les wagons sont tarés deux fois par an, en été et en hiver. Le commerce accepte ces conditions, mais il a le droit de contrôler la tare, quand il doute de son exactitude; pour cela, il y a au niveau de chaque appareil de transbordement, une bascule qui sert au pesage des charbons et qui rend cette vérification toujours facile, quand le wagon a été déchargé.

Les wagons appartiennent aux compagnies de chemins de fer ou à des compagnies particulières qui les louent aux exploitations; le prix de la location est de 8 à 9 livres sterlings (200 à 225 fr.) par an, suivant la contenance.

Pour les wagons loués aux exploitations sur le Taff-Wales rail-way, les frais de traction s'établissent ainsi, par tonne et par mille :

Droits de circulation.	4/8	penny	0f,0500
Traction	3/8	»	0, 0375
	7/8		0, 0875

Quand les wagons sont fournis par les compagnies de chemins de fer, les mêmes frais sont :

Droits de circulation.	4/8	penny	0f,0500
Traction	3/8	»	0, 0375
Wagons	1/8	»	0, 0125
	1	penny	0, 1000

Ces prix correspondent à 0f,053 et 0f,061 par tonne et par kilomètre.

PESAGE DES CHARBONS. Le pesage des charbons est toujours fait au port d'embarquement. Le poids obtenu est accepté par le vendeur, l'acheteur et la compagnie du rail-way ; il sert à appliquer le tarif, et il figure aussi sur le connaissement du navire : de cette manière, le contrôle du poids des charbons expédiés est rendu facile à toutes les parties intéressées; divers moyens de pesage sont employés ou à l'essai dans divers ports. Les uns s'appliquent au wagon lui-même, d'autres à un compartiment du couloir; d'autres, enfin, à un récipient à bascule, placé à l'extrémité du couloir. On cherche à opérer le pesage sans retarder l'embarquement.

APPAREILS D'EMBARQUEMENT. — Les appareils d'embarquement sont la propriété des rail-ways qui ont accès dans les docks et qui les exploitent, ou la propriété des compagnies concessionnaires des docks, qui les exploitent également à leur compte; ils sont placés, le plus souvent, à un niveau supérieur à celui du quai des docks; ils sont, dans ce cas, raccordés à la voie principale, qui est en remblai, par un viaduc en bois sur lequel sont posées les voies de garage se bifurquant sur le berceau de l'appareil, au moyen d'aiguilles ou d'une plaque tournante; ces voies servent à la manœuvre des wagons pleins et vides.

La hauteur des appareils dépend surtout du niveau des quais par rapport à celui de l'eau du bassin; il y a avantage à les établir au niveau du quai; on évite ainsi des constructions coûteuses; l'établissement des voies de garage est plus facile, et on peut disposer des quais pour tout autre trafic, car les appareils d'embarquement n'occupent, en moyenne en longueur et en largeur, qu'un espace de $3^m,60$ sur $6^m,00$. Ils sont espacés de 30 mètres; cette distance est plus que suffisante pour permettre aux navires de manœuvrer, sans gêne, dans les docks. La figure 1 (PL. I) donne un ensemble général des docks de Cardiff, avec la disposition des voies et des appareils d'embarquement.

Dans les ports gallois, la disposition mécanique est la plupart des appareils repose sur ce principe que le wagon doit être déchargé en bloc. Le wagon est muni pour cela, comme il a été dit plus haut, d'une portière placée à l'une des extrémités et ouvrant de bas en haut; pour faire le transbordement, il faut faire basculer le wagon, qui est ainsi déchargé par bout : d'où vient le nom de *Tip*, qui a été donné à l'installation tout entière.

Ce mode d'embarquement est généralement appliqué à Newport, Cardiff et Swansea; on le trouve aussi à Birkenhead.

Il y a deux sortes de *tips* : le *tip* à contre-poids et le *tip* hydraulique.

Dans la partie occidentale du pays de Galles, qui donne des charbons friables, on emploie une disposition différente, dans le but de ménager le charbon. On se sert d'un matériel spécial pour le transport du charbon, qui est placé dans des caisses en tôle se vidant par le fond et de la contenance de 2 tonnes $\frac{1}{2}$; on met quatre caisses sur un wagon plate-forme, et, au port d'embarquement, ces caisses sont enlevées une à une par l'appareil et versées dans le navire. Cette installation est désignée sous le nom de *Drop* hydraulique, à cause de la pression hydraulique qui en est le moteur.

On emploie encore, à l'embarquement des charbons, les grues hydrauliques et quelques appareils spéciaux, propres à certaines exploitations et dont il sera parlé dans la suite.

Tip a contre-poids. — Le *tip* à contre-poids est toujours placé à un niveau supérieur à celui du quai. A Cardiff, dans Bute dock, la hauteur au-dessus du quai est de 24 pieds anglais (7m,20). Le *tip* est relié à la voie principale par un viaduc en bois, sur lequel sont placés les garages qui reçoivent les wagons pleins et vides. Le système consiste en quatre montants en bois, entre lesquels se meut sur des galets une plate-forme équilibrée par quatre contre-poids, un frein et un couloir pour conduire le charbon, du wagon dans le navire (fig. 2, 3 et 4, Pl. I).

Aux extrémités A de la plate-forme, sont fixés quatre chaînes ou quatre câbles plats B en fil de fer, s'enroulant sur quatre poulies à gorge C; chaque chaîne porte, à son extrémité, un contre-poids D, et sur l'arbre des poulies, sont calés deux freins E commandés par un levier F. Sur un côté du *tip*, est un treuil G, avec une chaîne qui s'enroule sur les poulies HH; la chaîne porte, à son extrémité, deux bouts munis d'un crochet destinés à être fixés sur les tampons du wagon, quand ce dernier est placé sur la plate-forme.

Le couloir se meut verticalement sur deux galets, entre les deux montants le plus rapprochés du mur du quai. Il est relié à l'ensemble du système par deux chaînes fixées aux extrémités K et K′, passant sur les poulies LM et L′M′; sur l'arbre des poulies M′ sont un frein F′ et un contre-poids D′ qui sert à équilibrer le poids du couloir.

Au moyen de cette disposition, le couloir peut être élevé ou abaissé, suivant les dimensions du navire mis en charge; il est maintenu invariablement dans une position déterminée à l'aide du frein F′.

Enfin, l'inclinaison du couloir est réglée au moyen d'un treuil P, qui porte une chaîne s'enroulant sur les trois poulies R.

L'angle d'inclinaison le plus favorable à la chute du charbon est de 35 degrés pour le gros, et de 45 à 50 degrés pour le menu.

Pour le déchargement du wagon, on procède ainsi : le wagon plein étant placé sur la plate-forme, on ouvre la portière et on décroche l'arrêt. Le wagon sollicité par son propre poids descend verticalement, le frein sert à modérer la vitesse; mais en même temps la chaîne du treuil G, en agissant sur les tampons du wagon, le fait basculer. Dans cette manœuvre, le wagon subit deux mouvements : l'un vertical et l'autre de bascule; le charbon passe ainsi du wagon dans le couloir et tombe dans le navire; la plate-forme, sollicitée alors par les contre-poids, remonte en entraînant, dans son ascension, le wagon vide.

Le charbon exporté du pays de Galles l'est toujours à l'état de gros, mais comme de la mine au port d'embarquement, il se fait encore du menu, pour l'en débarrasser, on lui fait subir un criblage sur le *tip*. Le fond du couloir est muni, à cet effet, de deux cribles formés de barreaux écartés de $0^m,035$. Le gros charbon, en passant sur ces cribles, est privé de tout le menu qui l'accompagne; le menu descend sur le quai par un couloir placé sous le premier crible; et sur le navire, par un couloir placé sous le second crible. Ce menu est rejeté à la pelle, sur le quai. La quantité de menu retirée est de 9 p. 100 en moyenne, qu'on défalque du poids du wagon qui a été déjà pesé au niveau des *tips;* la différence donne le poids à porter sur le connaissement.

Le passage du charbon sur les deux cribles est désigné dans le commerce sous le nom de *double criblage*. Le prix de l'embarquement n'est pas augmenté par cette opération, qui n'exige aucune main-d'œuvre supplémentaire; le menu qui en provient reste la propriété du marchand qui est tenu de le faire enlever à ses frais de dessus le quai.

La manœuvre de l'embarquement est très-rapide : un *tip* bien servi peut transborder 1,000 tonnes de charbon en douze heures; mais il faut, dans ce cas, que le navire satisfasse à certaines conditions, qu'on ne trouve que dans les vapeurs charbonniers spécialement affectés à ce trafic. Ces vapeurs sont tous munis, dans ce but, de trois grandes écoutilles disposées de manière à faciliter l'embarquement et l'arrimage.

Trois hommes et un cheval suffisent à la manœuvre des wagons et à celle de l'appareil. Le prix de revient d'une tonne embarquée est de $0^f,021$ (1).

Le chargeur paye 2^d 1/4 ($0^f,225$) par tonne embarquée. L'arrimage est taxé à raison de 2^d 3/4 ($0^f,275$) par tonne. Ce mode d'embarquement est expéditif, mais il produit, dans le transbordement, beaucoup de menu, à cause de la grande masse mise en mouvement, de la rapidité de l'opération et de la hauteur de chute du charbon dans le navire.

1. Dans ce prix ne sont pas compris les frais généraux, ni ceux de premier établissement.

Pour éviter l'inconvénient de cette hauteur de chute, les tips portent un système de bucket ou benne à contre-poids, s'ouvrant par le fond, pour recevoir le charbon à l'extrémité du couloir et le descendre à fond du navire. Mais comme l'usage de cet appareil ralentit le chargement, il est très-rarement employé.

PRESSION HYDRAULIQUE. — Dans les ports où l'on se sert de la pression hydraulique, on l'emploie à mettre en mouvement toutes les machines qui sont en usage dans les docks; ainsi, les portes d'écluse, les grues, les appareils pour l'embarquement des charbons et les wagons sur les voies de garage sont mus de cette manière. Pour cela, toutes les machines sont mises en communication, au moyen d'une conduite souterraine, avec un accumulateur d'une forme spéciale, dans lequel est emmagasinée, à l'aide de pompes, la pression hydraulique.

L'accumulateur est représenté en coupe verticale (fig. 5, Pl. II). Il consiste en un cylindre en fonte A, dans lequel se meut un plongeur B, sur lequel est suspendue une caisse en tôle C, chargée d'un poids suffisant pour donner la pression à l'eau. Le cylindre a une capacité telle qu'il contient la plus grande quantité d'eau qui peut être consommée par l'action simultanée de toutes les machines mises en mouvement. Quand les pompes élèvent plus d'eau dans l'accumulateur que les machines n'en usent, le plongeur se lève et le surplus est emmagasiné dans le cylindre; mais quand, au contraire, la quantité d'eau emmagasinée est moindre que celle qui est consommée, le plongeur descend avec sa charge et comble ainsi la différence.

L'accumulateur sert encore de régulateur de la machine motrice des pompes, en fermant graduellement la soupape d'admission de la vapeur, quand le plongeur s'élève à une certaine hauteur, et en l'ouvrant, quand il baisse; ainsi, la vitesse de la machine est ralentie ou accélérée suivant le volume d'eau qui est contenu dans l'accumulateur.

Les pompes, au nombre de deux, sont à double effet et commandées par une machine à haute pression, composée de deux cylindres horizontaux, dont les tiges des pistons agissent directement sur les plongeurs. Elles ont la forme indiquée (fig. 6, Pl. II), et sont disposées de manière que la quantité d'eau introduite dans l'accumulateur est toujours la même pour chaque coup de piston; l'alimentation est ainsi égale et continue. Pour cela, on a donné au plongeur une section qui est la moitié de celle du piston; l'espace annulaire qui entoure le plongeur a donc un volume égal à la moitié de celui du corps de pompe. Le jeu des pompes est réglé par deux soupapes : l'une d'admission G et l'autre de retenue D qui est en même temps une soupape d'exhaustion.

Quand le piston est au haut de sa course, l'eau, contenue dans l'espace annulaire qui entoure le plongeur, est lancée dans l'accumulateur, tandis qu'une certaine quantité d'eau entre derrière le piston par la soupape d'admission G; et quand le piston est au bas de sa course, l'eau, qui est derrière lui, est refoulée par la soupape D, une moitié passe dans l'espace annulaire placé de l'autre côté du piston, pendant que l'autre moitié est lancée dans l'accumulateur. Ainsi, chaque coup de piston introduit la même quantité d'eau dans l'accumulateur.

La pression effective de l'eau est de 50 atmosphères dans les tuyaux qui sont assemblés par emboîtement. Pour rendre le joint étanche, on lui a donné une forme spéciale (fig. 7, Pl. II). Dans le fond de la gorge, qui est en forme de queue d'aronde, on a placé un anneau en gutta percha. En serrant avec deux boulons les brides du joint, on force l'anneau à remplir complétement l'espace vide; le passage de l'eau à travers le joint est rendu ainsi impossible, quelle que soit la pression sous laquelle fonctionne la machine.

La pression hydraulique est appliquée à la manœuvre de trois sortes d'appareils, servant à l'embarquement des charbons, le *Tip* le *Drop* et les *Grues*.

Ces appareils seront décrits successivement.

A Swansea, le charbon est transporté des mines au port d'embarquement dans des wagons munis d'une portière placée à un bout, comme à Cardiff, ou dans des caisses en tôle qui se vident par le fond; on place quatre caisses sur un wagon-plateforme.

L'obligation de faire le transbordement du charbon avec l'un ou l'autre matériel a nécessité la combinaison d'un système qui réunit le *tip* et le *drop* hydrauliques; le *drop* est placé au-dessus du *tip*, l'un et l'autre sont dirigés par le même homme.

Les figures 8 à 13 (Pl. II) représentent, en coupe et en plan, l'ensemble de l'installation.

Les wagons arrivent à un niveau de 6^{m},30 au-dessus du quai, en passant sur un viaduc en bois qui relie les appareils à la voie principale. Les voies d'amenée sont perpendiculaires à la direction du dock; le passage d'un wagon, d'une voie sur l'autre, est fait au moyen d'un chariot, comme dans les remises de voitures, pour la manœuvre du matériel roulant.

TIP HYDRAULIQUE. — Le mécanisme du *tip* hydraulique consiste en un berceau sollicité verticalement par un cylindre et un plongeur agissant à la manière d'une presse hydraulique; le berceau est surmonté d'un cadre sur lequel est placé le wagon à transborder; ce cadre peut osciller autour d'une de ses extrémités, quand il est pressé par un autre cylindre fixé sur le berceau et semblable au premier; un jeu de soupapes règle l'entrée et la sortie de l'eau dans les deux cylindres. Enfin, un couloir destiné à recevoir le charbon complète le système.

Pour satisfaire aux dimensions des plus grands navires, le wagon peut être élevé à 2 mètres au-dessus du niveau des rails ou abaissé, si cela est nécessaire, à 4^{m},50 au-dessous.

L'élévation ou l'abaissement des wagons est fait au moyen d'un cylindre A, portant un plongeur A', mis en communication avec l'accumulateur; l'entrée et la sortie de l'eau sont réglées par un levier H qui commande un jeu de soupapes représentées en K. Le cylindre A est fixé au-dessous du berceau en fer B, sur lequel est placé un chariot C, surmonté d'un cadre D qui peut osciller autour d'une charnière en recevant la pression d'un cylindre D', dont le mouvement vertical est réglé par un levier de la même manière que celui du cylindre A.

Le chariot C sert à faire passer les wagons vides sur la voie de retour; les rails, sur lesquels il circule, sont inclinés du côté de la voie des wagons vides. Quand on décroche l'arrêt E, le chariot descend entraîné par son propre poids; sa vitesse est ralentie par un moufle hydraulique qui le ramène ensuite sur le berceau pour recevoir de nouveau un wagon plein.

Le couloir G a une capacité assez grande pour contenir la charge d'un wagon, et se meut verticalement en glissant sur des galets entre les deux montants F; il est relié à l'ensemble de l'appareil par deux chaînes LL, fixées en I, passant sur les poulies P et venant s'attacher le long des montants F, en un arrêt Q, au moyen d'un goujon mobile qu'on passe dans un maillon.

Le berceau a un poids supérieur à celui du couloir; on utilise cette différence de poids pour manœuvrer ce dernier; pour l'élever, on donne un mouvement vertical au berceau, sur les deux côtés duquel sont deux crochets auxquels on attache les chaînes L, en ouvrant alors la soupape d'exhaustion du cylindre A, le berceau sollicité par son propre poids descend, en faisant remonter le couloir G le long des deux montants F.

Pour abaisser le couloir, on décroche les chaînes qui sont arrêtées en Q; il est alors entraîné par son propre poids et prend, le long des montants F, la position qu'on veut lui donner.

L'inclinaison du couloir est réglée en agissant sur les chaînes L' de la même manière que sur les chaînes L.

Pour effectuer le transbordement du charbon on procède ainsi : le wagon plein étant placé sur le cadre D, le berceau B est élevé ou abaissé au niveau du couloir, suivant le cas, au moyen du cylindre A; on ouvre la portière du wagon et on applique la pression au cylindre D'. Le cadre D subit alors un mouvement de bascule, qu'il transmet au wagon; le charbon tombe dans le couloir et, de là, dans le navire. En ouvrant les soupapes d'exhaustion des cylindres A et D', le berceau et le cadre reprennent la position horizontale qu'ils avaient au début; à ce moment, le chariot retenu par un arrêt E, au berceau B, est rendu libre et est entraîné par son propre poids du côté de la voie des wagons vides, sur laquelle on fait passer le wagon; le chariot est ramené vers la voie des wagons pleins et l'opération du transbordement continue.

DROP HYDRAULIQUE. — Les caisses qui servent au transport du charbon embarqué au moyen du *drop* hydraulique ont une forme spéciale (fig. 14, Pl. II). Le fond des caisses est composé de deux volets mobiles autour de charnières, ouvrant de haut en bas et rendus solidaires du corps de la caisse par deux chaînes fixées en B et B'. Quand une caisse repose sur le wagon plate-forme, les deux volets sont rapprochés et les chaînes sont libres; elles ne sont tendues qu'un instant avant l'enlèvement qui n'a lieu qu'autant qu'on a rendu les volets invariables, car autrement le poids du charbon tendrait à les faire écarter.

Dans son mouvement d'ascension, la caisse doit donc être sollicitée par trois chaînes, dont l'une est attachée à la caisse et les deux autres maintiennent fermés les volets du fond. Dans le transbordement, il faut que la caisse soit enlevée d'abord de dessus le wagon et ensuite transportée sur le navire, ce qui nécessite un mouvement vertical et un mouvement de translation, conditions auxquelles satisfait l'appareil à l'aide : 1° d'une flèche mobile autour des points R ; 2° de quatre cylindres communiquant avec l'accumulateur, disposés comme dans la presse hydraulique. Chaque cylindre est muni d'un plongeur faisant mouvoir une chaîne qui s'enroule sur des poulies à la façon d'un moufle : on a ainsi, pour une faible course du piston, une grande extension de chaîne.

La flèche en bois M, mobile autour de RR, est guidée dans sa rotation par la chaîne J″, qui passe sur la poulie *p*, et qui reçoit le mouvement du cylindre J. Au début de l'opération, la flèche occupe la position M′, sur laquelle passent les trois chaînes K″, I″ et N″, après s'être enroulées, la première K″ sur les poulies *p′ p″* et *p‴* et les deux autres I″ et N″ sur les poulies *p″* et *p‴*. La chaîne K″ est attachée à la caisse et les chaînes I″ et N″ le sont aux volets du fond; elles sont mises en mouvement par les trois cylindres K, I, N communiquant, comme le cylindre J, avec l'accumulateur, qui leur transmet la pression de l'eau dont l'entrée et la sortie sont réglées au moyen de leviers, placés en H sous la direction de l'homme qui manœuvre le *tip*.

MANŒUVRE DES CAISSES POUR LE TRANSBORDEMENT DU CHARBON. — Le fond de la caisse étant assujetti par les chaînes I″ et N″, on l'enlève de dessus le wagon plateforme, au moyen de la chaîne K″; son poids agissant à l'extrémité de la flèche M′ fait pivoter celle-ci autour de R et lui fait prendre la position M. Dans ce mouvement, la caisse est entraînée et vient se placer à l'aplomb du panneau de charge; à ce moment, en agissant sur le cylindre J, le mouvement de rotation est arrêté, la chaîne K″ fonctionne seule, et la caisse descend dans le navire; les chaînes I″ et N″ étant ensuite rendues libres, les volets du fond s'ouvrent et le charbon tombe. En répétant la manœuvre contraire, on ferme les volets de la caisse qui est remontée et placée sur la plate-forme. Quand on a déchargé les quatre caisses, la plate-forme est poussée vers la voie des wagons vides, puis le chariot est ramené vers celle des wagons pleins, sur laquelle on fait passer une nouvelle plate-forme avec quatre caisses pleines.

Ce mode de transbordement par caisse a l'avantage de ménager le charbon en en embarquant de petites quantités à la fois : et, au début du chargement, quand la hauteur de chute du charbon est la plus grande, d'éviter le bris du gros, en descendant les caisses, aussi bas que possible dans l'intérieur du navire. Dans la manœuvre du *tip* il en est tout autrement.

Le *drop* et le *tip* peuvent être employés isolément ou simultanément. suivant le matériel qui sert au transport de la houille. On peut commencer le chargement du navire avec le *drop* et le finir avec le *tip;* au début de l'opération, on forme ainsi, dans la cale du navire, un cône de charbon sur lequel on verse ensuite le contenu des wagons en les basculant sur le *tip;* c'est un moyen d'éviter le bris du gros qui est généralement pratiqué à Swansea, dont les charbons sont plus friables que ceux de Cardiff.

La quantité, qui peut être embarquée par l'un ou l'autre procédé, est de 1,000 tonnes en 12 heures. Trois hommes suffisent à la manœuvre des wagons et à celle de l'appareil. Le prix de revient par tonne embarquée, s'établit ainsi :

Machines, eau	0f,014
Main-d'œuvre.	0, 011
Total. . . .	0f,025

TIP HYDRAULIQUE SITUÉ AU NIVEAU DES QUAIS. Quand les circonstances locales le permettent, les appareils ci-dessus décrits sont placés au niveau des quais, comme à Newport, à Birkenhead et à Silloth-Dock près Carlisle. Il y a économie et commodité à agir ainsi. On évite la construction de viaducs et on établit les voies de garage parallèlement au quai, d'où le passage des wagons sur l'appareil se fait au moyen de plaques tournantes. Le mécanisme est identique à celui des appareils de Swansea, à l'exception du chariot qui est supprimé et dont l'emploi devient inutile à cause de la disposition des voies.

A Silloth-Dock, près Carlisle, qui est un port de création récente, on a établi un système de *tips*, qui diffère du précédent par quelques détails. Avec le *tip* ordinaire, on ne peut transborder que des wagons munis d'une portière à un bout, tandis qu'avec celui qui est usité à Silloth-Dock, on peut transborder ces wagons et ceux en usage dans le nord de l'Angleterre qui se vident à l'aide d'une trappe placée en dessous entre les deux essieux. Le berceau sur lequel repose le wagon porte, à cet effet, une trémie dont la communication avec le couloir est établie à l'aide d'un manchon automoteur fixé sur le berceau (figures 15 et 16, Pl. II).

Pour opérer le transbordement, le wagon étant élevé à la hauteur voulue, on ouvre la trappe du fond; le charbon tombe dans la trémie et, de là, dans le couloir et le navire.

Quand on opère avec des wagons munis d'une portière à un bout, on agit à la manière ordinaire; mais, au lieu de soulever le cadre à l'aide d'un cylindre et d'un plongeur, on emploie un moufle hydraulique, placé sur le côté de l'appareil dont la chaîne s'enroule sur un tambour A calé sur un arbre portant deux autres tambours C et D, sur lesquels s'enroulent deux chaînes dont les extrémités sont accrochées sur le cadre. Le mouvement du moufle étant communiqué à l'arbre, les deux chaînes placées sur les tambours C et D s'enroulent en soulevant le cadre; le wagon est ainsi basculé.

On peut embarquer 1,000 tonnes de charbon par jour.

Le prix de revient est le même qu'à Swansea : il est de 1/4 penny par tonne, soit $0^{f},025$, main-d'œuvre et machines comprises.

Au moyen de cet appareil, on peut élever à la hauteur de $5^{m},70$ des wagons chargés pesant 13 tonnes, tare comprise.

MANŒUVRE DES WAGONS SUR LES VOIES DE GARAGE AU MOYEN DE LA PRESSION HYDRAULIQUE. La pression hydraulique, qui sert au transbordement des wagons, est aussi utilisée à leur manœuvre sur les voies de garage situées près des appareils d'embarquement. Pour cela, un cabestan est placé sur un des accotements de la voie; une chaîne est fixée d'un bout au crochet de traction du wagon, et, de l'autre, elle s'enroule sur le cabestan qui est mis en mouvement par la machine représentée en plan et en coupe, dans les figures 17 et 18 (Pl. III).

Cette machine consiste en trois cylindres oscillants, agissant sur trois manivelles inclinées à 120°, l'une par rapport à l'autre, et trois tiroirs de distribution, un pour chaque cylindre. Les trois cylindres A sont munis de plongeurs B, au lieu de pistons, et sont à simple effet. Les tiroirs V sont mus par l'oscillation des cylindres, dont ils reçoivent le mouvement par l'intermédiaire des leviers L.

Quand la partie inférieure du cylindre est abaissée, le tiroir est ouvert, l'eau passe du tuyau de pression P dans le tuyau C, et, de là, dans le cylindre, où elle agit sur le plongeur qui est ainsi poussé en avant; à son retour, la partie inférieure du cylindre est élevée; alors toute communication avec le tuyau P de pression est interceptée, et l'eau s'échappe du cylindre par le tuyau E; une soupape de retenue, placée en I, empêche le choc qui pourrait avoir lieu quand le plongeur est à la fin de sa course, et que toute communication avec le tuyau d'exhaustion est fermée.

Le cabestan reçoit, de cette manière, le mouvement, par l'intermédiaire de la roue d'engrenage R qui communique avec un engrenage conique.

La machine et la transmission sont placées sous le sol entre les rails; l'homme préposé à la manœuvre des wagons donne le mouvement à une pédale qui le transmet à la machine par l'intermédiaire d'un levier assemblé avec les tiges des tiroirs V.

GRUE HYDRAULIQUE. On emploie, dans certains cas, la grue hydraulique à l'embarquement des charbons, mais plus souvent au délestage et au déchargement des navires. Cette machine, qui est d'une manœuvre rapide et économique, est l'application la plus répandue de la pression hydraulique comme moteur. La simplicité du mécanisme, le peu de place qu'il occupe, l'ont fait adopter généralement comme moyen élévatoire des marchandises dans les docks, les magasins et les gares de chemins de fer. Les figures 19 et 20 (Pl. III) représentent en élévation et en plan la disposition générale d'une grue hydraulique. Le cylindre A, qui sert à élever la charge, est disposé horizontalement au pied de la grue. Il est muni d'un plongeur B, portant à son extrémité extérieure les poulies C; la chaîne, qui sert à élever la charge, est attachée à une des extrémités du cylindre A et passe alternativement autour des poulies mobiles C et des poulies fixes D, placées à l'extrémité inférieure du cylindre A. On forme ainsi un moufle qui, pour une petite course du plongeur, donne une grande extension de chaîne; enfin la chaîne s'enroule sur la poulie guide E en se développant le long de la flèche. Le mouvement est donné à la chaîne par le levier G, qui agit sur les soupapes d'admission et d'exhaustion maintenues fermées par les poids H et I. En ouvrant la soupape H, l'eau passe du tuyau de pression J dans le cylindre A et la charge est élevée; en ouvrant la soupape d'exhaustion I, l'eau s'échappe du cylindre par le tuyau de sortie K et la charge descend.

Pour empêcher la charge d'être élevée trop haut, le plongeur B est limité dans sa course extérieure par la poulie C mise en contact avec un arrêt communiquant avec le levier G qui ferme alors les soupapes. Le poids de la charge agissant sur la chaîne fait rentrer le plongeur dans le cylindre ; à défaut de charge, un petit cylindre supplémentaire L agit sur le plongeur et l'oblige à prendre sa course en arrière.

On transmet à la grue un mouvement giratoire au moyen de deux cylindres N et O munis chacun d'un plongeur, portant une poulie à leur extrémité supérieure. Ces cylindres agissent sur la grue à l'aide d'une chaîne sans fin qui s'enroule sur sa base et sur les poulies des cylindres N et O; le mouvement est donné par un tiroir qui commande un levier placé à côté de G. Quand un des cylindres reçoit la pression, l'autre est ouvert à l'exhaustion.

Le manque d'élasticité de l'eau pourrait occasionner des ruptures en abaissant la charge ou en faisant tourner la grue, si on fermait subitement les soupapes. Pour empêcher ces causes d'accidents, on a donné à l'appareil de distribution une disposition particulière en combinant quatre clapets en cuir qui fonctionnent simultanément avec le tiroir de distribution (fig. 21, Pl. III).

Les espaces P P communiquent avec le tuyau de pression J, et les espaces E E avec celui d'exhaustion K. Quand le tiroir se meut dans le sens de la flèche, la pression est interceptée avec R, S étant toujours en communication avec le tuyau d'exhaustion K ; à ce moment, le clapet T s'ouvre de bas en haut et laisse passer une petite quantité d'eau du tuyau K dans R pour maintenir le plongeur jusqu'à ce qu'il soit à la fin de sa course. Quand le tiroir occupe la position indiquée sur le dessin, toute communication est fermée entre S et le tuyau K d'exhaustion; la pression de S étant augmentée par le mouvement ultérieur du plongeur, avant qu'il soit complétement arrêté, le deuxième clapet U se lève et une petite quantité d'eau retourne dans l'espace P qui communique avec le tuyau de pression J.

En faisant marcher le tiroir dans la direction opposée, les deux autres soupapes sont mues de la même manière. On évite ainsi les chocs et les accidents, et la conduite de la grue est rendue plus facile.

Quand la grue doit avoir une puissance variable, on emploie un seul cylindre (fig. 22, 23 et 24, Pl. III). A est le cylindre qui est assemblé avec un piston E et un plongeur B; l'eau passe de l'accumulateur dans la boîte à soupapes F par le tuyau de pression J et la soupape d'admission H. En ouvrant la soupape L, l'eau entre dans le cylindre par les deux extrémités et exerce alors une pression sur les deux faces du piston ; l'effort produit est proportionnel à la section du plongeur B, il représente ainsi la plus petite puissance. Si on ferme la soupape L et si l'on ouvre la soupape M, la partie supérieure du cylindre ne communique plus avec l'accumulateur; l'eau, qui y est contenue, s'échappe par le tuyau d'exhaustion K, et celle qui agit sur la partie inférieure du piston produit l'effort le plus grand qui est proportionnel à la section du cylindre.

Pour abaisser la charge, on ferme les soupapes H et M, et l'on ouvre la soupape d'exhaustion I; l'eau passe alors du cylindre dans le tuyau d'exhaustion K; en même temps la soupape L est ouverte; l'eau entre dans la partie supérieure du cylindre, où elle agit sur la face du piston pour régler sa vitesse pendant la descente. La soupape N évite toute cause de rupture pendant l'abaissement de la charge, en permettant à l'eau du cylindre d'être refoulée dans le tuyau de pression, quand elle est soumise à une force de compression supérieure à celle de l'accumulateur.

Quand on applique la grue hydraulique à l'embarquement des charbons, les dimensions varient suivant le poids de la charge à élever, qui n'est pas moindre de 2 tonnes et qui, quelquefois, est celui d'un wagon ordinaire.

Dans le pays de Galles, les grues servent, le plus souvent, au délestage des navires. A Liverpool, dans Bromley-Moore et Wellington-Docks, la compagnie du Lancashire rail-way n'emploie que des grues hydrauliques pour l'embarquement des charbons. Le charbon est transporté des mines au port d'embarquement dans des caisses de la contenance de 2 tonnes 1/2. On en place quatre sur un wagon plate-forme. La caisse se vide par le fond qui est formé d'une portière mobile autour de charnières et reliée au corps de la caisse par un crochet. Dans la manœuvre du transbordement, la caisse est enlevée de dessus le wagon, transportée sur le pont du navire et descendue au fond de la cale, où, en ouvrant la portière du fond, le charbon est déposé.

Le plus souvent, le fond de la caisse se compose de deux volets mobiles autour de charnières rendues invariables, pendant l'enlèvement, à l'aide de deux petites chaînes intérieures qui sont commandées par une deuxième chaîne élévatoire, s'enroulant sur la flèche de la grue de la même manière que la maîtresse chaîne, ce qui nécessite un deuxième cylindre élévatoire avec plongeur et moufle, pour rendre la manœuvre des volets indépendante de celle de la caisse. Deux leviers, correspondant chacun à un jeu de soupapes, règlent l'entrée et la sortie de l'eau dans les cylindres. Avant de faire la manœuvre, on consolide les volets de la caisse, en raidissant d'abord la deuxième chaîne élévatoire; on procède ensuite au transbordement; quand la caisse est descendue dans le navire, les volets sont rendus libres et le charbon tombe.

La même grue, avec deux chaînes élévatoires, sert encore au transbordement des wagons, qui sont munis d'une portière en avant. Le wagon est placé sur un châssis en fer (fig. 25, Pl. III); il est soulevé par une chaîne fixée à une élingue qui le saisit en A et en A'; un crochet, placé à l'arrière du châssis, en B, sert à attacher la deuxième chaîne de la grue. Le wagon est enlevé de dessus le quai et transporté sur le navire; à ce moment, on ouvre la portière du devant et, en donnant le mouvement à la chaîne fixée en B, le wagon bascule et le charbon tombe dans la cale du navire.

Si le wagon se décharge par une portière située en dessous et entre les deux essieux, comme en ont tous ceux employés au transport des houilles dans le nord de l'Angleterre, une seule chaîne suffit. Dans ce cas, le wagon est enlevé à l'aide d'une élingue qu'on fixe aux quatre tampons, et le transbordement se fait à la manière de celui des caisses.

La fig. 27 (Pl. IV) représente une grue qui sert au transbordement des wagons avec portière en dessous. C est le cylindre élévatoire; à l'extrémité de la tige du piston est une poulie se mouvant avec lui. Deux autres poulies sur lesquelles s'enroule la chaîne de manière à former un moufle, sont montées sur le même axe et sont placées au-dessous de la grue : P est un deuxième cylindre qui transmet à l'ensemble un mouvement giratoire. A cet effet, la tige du piston porte une crémaillère engrenant avec une roue dentée qui est placée à la base de la grue. A et B sont les boîtes à soupapes.

La quantité de charbon embarquée au moyen d'une grue hydraulique est de 500 tonnes en douze heures. Le personnel employé est de deux hommes, dont l'un manœuvre la grue et l'autre accroche les caisses ou les wagons à transborder.

Le prix de revient d'une tonne de charbon embarquée, au moyen d'une grue hydraulique, s'établit ainsi :

Machines, eau.	0f.025
Main-d'œuvre.	0f.020
Total.	0f.045

La compagnie du chemin de fer fait payer pour l'usage des grues 2d (0f.20) par tonne; le prix de l'arrimage est de 4d à 6d (0f.40 à 0f.60) par tonne, suivant les dimensions du navire.

Débarquement des charbons au moyen de grues hydrauliques. — A Londres, dans Stepney-dock, Victoria-dock et sur la Tamise, on a fait une application spéciale de la grue hydraulique au débarquement des charbons; la manœuvre facile et rapide de cette machine est tout à fait appropriée à cette opération à cause des délais toujours très-courts accordés pour la mise à terre de la cargaison.

Dans Victoria-dock, MM. William Cory et Co, marchands de charbons à Londres, ont établi une installation qui consiste en six grues placées au-dessus du niveau du quai. Les steamers à décharger sont amarrés le long du quai; ces navires, construits spécialement pour le transport des houilles, portent, sur le pont, trois écoutilles, par lesquelles on attaque en même temps le déchargement au moyen de trois grues; le charbon est placé dans des bennes de la contenance de 600 kil., munies sur le fond de trois galets disposés comme dans un tricycle de manière à pouvoir circuler dans tous les sens de la cale du navire, sur un plancher volant, placé à mesure que le déchargement avance. La benne est élevée et, en la renversant sur un couloir qui sert de crible en même temps, le charbon tombe dans un wagon ou dans un bateau, suivant qu'il doit suivre la voie de terre ou celle du fleuve.

Le travail se continue de jour et de nuit; la cale du steamer est éclairée au gaz que des tubes flexibles en caoutchouc conduisent dans toutes les directions. En douze heures, une grue décharge 500 tonnes; le personnel employé par grue est de neuf hommes, dont six sont occupés au remplissage des bennes et trois à la manœuvre de la grue et à celle des wagons.

Le prix de revient par tonne débarquée est de 0f.127.

MM. W. Cory et Co ont établi une installation semblable sur la Tamise, destinée aux navires qui doivent être déchargés en rivière. Sur un ponton flottant en tôle, ancré au milieu du fleuve, sont placées six grues hydrauliques, dont trois de chaque côté, avec deux accumulateurs Amstrong. Le ponton a une forme hexagonale allongée, de manière à pouvoir recevoir un grand steamer de chaque côté; sur les quatre autres côtés viennent se placer quatre barques; le charbon est élevé dans des bennes semblables aux précédentes et versé sur des couloirs placés en face de chaque grue; il tombe dans des wagonnets à bascule qui, au moyen de voies posées sur le pont du ponton, sont vidés dans les barques. Les couloirs sont pourvus de cribles pour séparer les charbons en plusieurs catégories, si cela est nécessaire.

La figure 28 (Pl. V) représente un atelier flottant employé au débarquement des charbons, tel qu'il fonctionne sur la Tamise, avec la disposition des grues et des voies sur le ponton, et la manière dont les steamers en déchargement et les barques sont placés le long du bord.

Comme dans Victoria-dock, le travail est fait de jour et de nuit; il y a à bord du ponton, une usine à gaz, qui pourvoit aux besoins de l'éclairage.

Les six grues peuvent décharger 3000 tonnes en douze heures. Le prix de revient de la tonne débarquée est le même que dans Victoria-dock, soit $0^{f}.127$.

Quelques exploitations du pays de Galles, qui livrent à la consommation des charbons très-friables, emploient, dans le but d'éviter le déchet, des modes d'embarquement qui diffèrent de ceux déjà décrits. MM Powels et fils, à Cardiff, se servent d'un appareil spécial (fig. 29, Pl. III). Les charbons sont placés dans des caisses, dont la contenance est de 2 tonnes 1/2. La machine est composée de deux montants verticaux en bois, entre lesquels est placée une volée horizontale, rendue solidaire de l'ensemble au moyen de moises et de tirants en fer; sur la volée sont placées quatre poulies, dont trois fixes et une mobile, sur lesquelles passent deux chaînes, l'une se mouvant verticalement et l'autre horizontalement; ces chaînes communiquent ainsi à la caisse un mouvement vertical d'abord, et ensuite un mouvement de translation, qui sont transmis par deux bobines, sur lesquelles les chaînes s'enroulent en sens contraire. Les deux bobines peuvent être rendues indépendantes l'une de l'autre, au moyen d'un embrayage : une bobine est calée sur un arbre creux, dans lequel pénètre l'arbre qui porte l'autre bobine. Au moyen de cette disposition, les deux chaînes peuvent agir isolément sur la caisse. L'arbre des bobines est commandé par une machine de 10 chevaux. Le transbordement est fait comme avec une grue : la caisse est d'abord enlevée de dessus le wagon, transportée sur le navire et descendue dans la cale, où le charbon est déposé en ouvrant la portière du fond de la caisse. On peut, à l'aide de cet appareil, quand il est bien servi, embarquer de 4 à 500 tonnes en douze heures; trois hommes suffisent à la conduite de la machine et à toutes les manœuvres.

Le prix d'une tonne de charbon embarquée est de 0f.052.

Cet appareil est aussi employé au délestage des navires; dans ce cas, la forme de la caisse est la même, mais les dimensions sont plus petites; la contenance est de 500 kil. seulement.

Dans les environs de Neath, Swansea et Llannelly, on emploie des paniers pour l'embarquement des charbons. Le menu charbon est consommé dans les usines à cuivre du pays; le gros seul est expédié mais à cause de sa grande friabilité, toutes les manipulations qu'il subit se font avec le plus grand soin.

Sur le carreau de la mine et au port d'embarquement, les wagons sont chargés et déchargés à la main. Pour le transbordement, le charbon est placé dans des paniers de la contenance de 1 hectolitre, qui, à l'aide d'une grue, sont mis à bord, descendus dans la cale du navire et déposés sur un wagonnet plat; ce wagonnet circule sur des rails posés au fur et à mesure que le chargement avance. Les paniers sont vidés à la main et l'arrimage est fait de même. Ce mode d'embarquement, qui n'a rien de mécanique, est appliqué à tous les charbons dont la friabilité est un empêchement à l'emploi des moyens ordinaires; il est plus lent et plus coûteux, mais ne produit pas de déchet; c'est pourquoi il est préféré par les propriétaires des mines de la partie occidentale du pays de Galles.

Avec un personnel suffisant et expérimenté, on peut embarquer 300 tonnes en douze heures. Le prix de la tonne embarquée et arrimée est de 0f.25.

Procédés d'embarquement des charbons employés dans les ports du nord de l'Angleterre.

Qualité des charbons du nord et du centre de l'Angleterre. — Les charbons du nord et ceux du centre de l'Angleterre, qui sont embarqués les premiers dans les ports du Northumberland, du Durham et du Yorkshire, et les seconds à Hull et à Grimsby, sont des charbons gras, durs et d'un emploi général pour la grille, le gaz et la métallurgie; ils sont expédiés à l'état de gros, tout venant et menu; leur dureté et la facilité de les embarquer sous l'une de ces trois formes font que, dans le transbordement, on n'a pas à compter avec les déchets.

Manutention des charbons. — Sur le carreau de la mine, les wagons de chemins de fer sont chargés, comme dans le pays de Galles, en faisant basculer les wagonnets, de la contenance de 1000 kil., sur des couloirs inclinés à 45 degrés, à l'extrémité desquels sont placés les wagons qui doivent recevoir le charbon; il y a plusieurs couloirs disposés sur une même ligne, dont quelques-uns sont munis de barreaux écartés de $0^{m},035$, ce qui permet de cribler les charbons.

Wagons employés au transport des charbons. — Les wagons servant au transport des charbons, dans le nord, ont subi dans ces dernières années peu de changements ; ils ont la forme d'un tronc de pyramide, avec portes en dessous, placées entre les deux essieux. Chaque wagon est de la contenance de un chaldron de Newcastle, dont le poids anglais est de 2 tonnes, 13 quintaux (2680 kil.). Ces wagons sont employés sur les deux rives de la Tyne, dans les ports du Durham et dans ceux du Yorkshire; cependant, depuis quelque temps, le North-Eastern rail-way a introduit des wagons d'une contenance de 3 chaldrons ou 8 tonnes, en conservant la porte en dessous, qui est indispensable au déchargement, à cause de la forme spéciale des appareils qui servent au transbordement.

Les charbons du centre, qu'on embarque à Hull et à Grimsby, sont transportés dans des wagons de même forme, mais de contenance plus grande que ceux en usage dans le nord.

Pesage des charbons. — Dans le nord, on ne pèse pas les charbons; jusqu'à ces derniers temps, chaque wagon était jaugé une fois par an, par les officiers des douanes et marqué d'une couronne, la contenance devait être celle d'un chaldron de Newcastle (2 tonnes, 13 quintaux); cette formalité administrative a cessé d'être remplie, mais on admet que la contenance est toujours la même.

L'emploi général des wagons avec porte en dessous a fait adopter, dans les ports du nord et de l'est de l'Angleterre, pour le transbordement des charbons, deux sortes d'appareils : le *Spout* et le *Drop*. Quel que soit le mode employé, le contenu du wagon est transbordé tout à la fois, sans être criblé. Ces appareils sont toujours placés à un niveau supérieur à celui du dock, à une hauteur variant avec la disposition des lieux.

Le spout consiste en un étui béant, situé entre les deux rails, au dessus desquels le wagon est amené; en ouvrant la portière, le charbon tombe dans l'étui et est dirigé par des couloirs, dans l'intérieur du navire.

Le drop repose sur un principe différent : Le wagon plein est abaissé sur le pont du navire; il est guidé, dans ce mouvement de descente, par un frein et des contre-poids qui, lorsqu'il est vide, lui font reprendre la position qu'il avait avant le transbordement.

Spout. — A South-Shields, dans Tyne-dock, la disposition du spout a été bien étudiée; les détails du mécanisme, l'ensemble des voies de garage pour le stationnement des wagons forment une installation complète qu'on ne trouve pas dans les autres ports charbonniers, où l'on emploie ce mode de transbordement.

Le spout (figures 30 et 31, Pl. IV) consiste en une trémie A, placée au-dessous du niveau des rails sur lesquels le wagon plein est amené; afin de pouvoir suffire à toutes les variations du niveau du pont du navire, pendant le chargement, cette trémie communique avec quatre étuis superposés B, B′, B″ et B‴, munis à leurs extrémités supérieures et inférieures, de volets mobiles autour de charnières et équilibrés par des contre-poids P et Q, afin d'en rendre plus facile la manœuvre à la main. Les volets D, D′, D″ font communiquer la trémie avec un étui quelconque, et interceptent toute communication de la trémie A avec ceux des étuis qui ne doivent pas recevoir le charbon.

Les volets C, C′ C″ et C‴ se rabattent sur le couloir mobile G, en le raccordant aux divers étuis, suivant le niveau auquel se fait l'embarquement ; le passage du charbon, d'un étui dans le couloir, a lieu ainsi sans solution de continuité. Chaque étui porte, en outre, une portière intérieure E, E', E'' et E''' destinée à arrêter la descente du charbon, quand, pour un motif quelconque, il faut suspendre l'embarquement ; ces portières sont manœuvrées séparément, du haut de l'appareil, au moyen de quatre tiges *t*, *t'*, *t''* et *t'''*, placées deux à deux, de chaque côté et portant à leur extrémité inférieure une vis sans fin, qui engrène avec une roue dentée calée sur le même axe que celui autour duquel se développe chaque porte. En donnant à la tige, avec une clef, un mouvement circulaire, les portières s'ouvrent ou se ferment.

Le couloir mobile G se meut verticalement dans deux coulisses, le long des montants F ; il est élevé ou abaissé à l'aide de chaînes s'enroulant sur les treuils MM. Son inclinaison est réglée de la même manière avec les treuils N N ; enfin, une portière P, placée à l'extrémité du couloir G et mue par deux chaînes s'enroulant sur le troisième treuil R, sert à arrêter la descente du charbon dans le couloir, quand on interrompt momentanément le transbordement.

Le cadre qui supporte tout le système repose, à sa partie inférieure, sur des galets et un pivot autour duquel il peut tourner, quand on agit sur la tige S; cette tige porte à sa partie inférieure un pignon engrenant avec une roue fixée sur la base du cadre. Cette disposition a pour but d'augmenter la portée de l'appareil, quand on met en charge un grand navire; on évite ainsi la nécessité de le déplacer pendant toute la durée du chargement.

On a fait un grand nombre d'expériences pour déterminer, dans la disposition des étuis, l'angle d'inclinaison qui convient le mieux à la chute du charbon ; il a été trouvé qu'un angle de 30 degrés satisfait à toutes les éventualités.

Pendant le transbordement du charbon, on doit toujours tenir la trémie aussi pleine que possible, en laissant glisser seulement assez de charbon pour faire de la place au contenu du wagon ultérieur. Ce n'est qu'au début de l'opération, et quand on l'interrompt pour changer le niveau de l'appareil, que le charbon tombant alors de plus haut donne du déchet ; ensuite la masse descend lentement et il ne se fait plus de menu.

Dans Tyne-dock, les spouts sont établis sur des jetées construites en avant dans le dock et ayant une direction perpendiculaire au mur du quai. Chaque jetée a dix stations pour les navires, espacées de 30^{m},00; cet espacement est nécessaire à la manœuvre des navires; la hauteur des jetées est de 9^{m},00 au-dessus du niveau du quai.

Dans la disposition des voies on a eu surtout pour but d'économiser la main-d'œuvre, en cherchant à utiliser la pesanteur.

La figure 32 (Pl. V) représente un plan d'ensemble du dock avec la disposition des jetées et celle des navires. Les voies de A en B sont celles sur lesquelles la locomotive conduit les wagons pleins; elles ont une inclinaison de 0^{m},0075 par mètre; de ces voies, les wagons sont distribués sur les quatorze voies situées entre B et E; les deux voies centrales sont réservées au passage des wagons qui, sans stationner, doivent être acheminées vers les spouts.

La répartition des wagons dans les différentes voies, à partir du point où la locomotive les laisse, est faite par un homme et un enfant; c'est ce dernier qui manœuvre les aiguilles pour chaque jetée. Toutes les voies, comme il a été déjà dit, ont une inclinaison de 0^{m},0075 par mètre; les aiguilles et les courbes ont une inclinaison double de 0^{m},015 par mètre.

Les wagons, dont les charbons doivent être embarqués, descendent sous l'action de la pesanteur et sont arrêtés aussi près que possible des spouts, afin que les charbons d'un même garage puissent être dirigés sur un spout quelconque. Toutes les voies se bifurquent en E, d'où partent celles qui aboutissent aux appareils.

Les figures 33, 34 et 35 (Pl. V) représentent une jetée en plan, coupe et élévation. Chaque spout est pourvu, sur les jetées, d'un garage considérable, dont l'inclinaison varie de 0^{m},0075 à 0^{m},010 par mètre; dans la partie qui conduit immédiatement aux appareils, l'inclinaison est plus grande : elle est de 0^{m},011 à 0^{m},050 par mètre. Deux voies, placées de chaque côté des jetées avec une inclinaison de 0^{m},010 par mètre, servent au garage des wagons vides. Ainsi donc, les wagons pleins descendent d'eux-mêmes jusqu'au lieu de déchargement et quand ils sont vides, la pesanteur les entraîne sur les deux voies latérales.

Ce n'est qu'après des expériences longuement répétées dans des circonstances diverses, que le taux des pentes de ces voies de garage a été adopté; il a été ainsi reconnu qu'il devait être supérieur à celui donné par la théorie.

On manœuvre six wagons en même temps; ces wagons, emportés par l'impulsion, dépassent la trémie, dans laquelle doit être versé le charbon et remontent une des voies latérales qui ont une contre-pente de $0^m,010$ par mètre; la vitesse des wagons est ainsi amortie, la pesanteur les ramène ensuite en sens contraire sur la trémie, où, en ouvrant la portière du dessous, on décharge deux wagons à la fois, sans décrocher les chaînes d'attelage. La trémie a une ouverture assez longue pour recevoir en même temps 16 tonnes de charbon.

Ce mode de transbordement est le plus expéditif de tous ceux qui ont été décrits; quand la manœuvre des wagons est bien faite, la chute du charbon dans le navire est presque continue, et elle n'est suspendue que pendant le temps nécessaire à l'arrimage. Le jour de l'inauguration de Tyne-dock, un steamer de 420 tonnes a été chargé en cinquante-cinq minutes.

Dans le nord, les compagnies de rail-ways se chargent de toutes les manipulations que le charbon doit subir pour la mise à bord. Le prix du transbordement est compris dans celui du transport, qui est de 1 penny ($0^f.10$) par tonne et par mille; dans ce chiffre, on applique 1/8 de penny ($0^f.015$) par tonne et par mille pour la location des wagons et les frais de déchargement.

La compagnie ne fait payer que l'arrimage qui est taxé à raison de 2^d ($0^f.20$) à 2^d 3/4 ($0^f.275$) par tonne, suivant les dimensions du navire.

Le prix de revient par tonne embarquée et de 7/16 de penny, soit $0^f.043$.

Le nombre des mines qui embarquent des charbons à South-Shields, est de 66; les charbons qui en proviennent sont divisés en 237 catégories: c'est ce qui explique la nécessité d'un si grand nombre de voies de garage. La longueur des voies pour chaque jetée est de 6 milles ($9600^m,00$).

Le spout qui vient d'être décrit, est usité dans tous les ports du nord et de l'est de l'Angleterre. Sur les deux rives de la Tyne, à North-Shields, à South-Shields, à Sunderland, à Hartlepool, etc., il fonctionne simultanément avec le drop à contre-poids, de création plus ancienne, mais qui, à cause de sa simplicité, continue à être appliqué au transbordement des wagons de la contenance de 1 chaldron ($2^t,13^{qx}$).

Drop a contre-poids. — Avec le spout, le wagon est vidé sur place, tandis que le drop le transporte sur le navire.

Le drop consiste en une plate-forme en surplomb du mur du quai, au-dessous de laquelle le navire est placé. Cette plate-forme se meut verticalement (fig. 36, 37 et 38, Pl. V) sur des galets, le long des montants M M, et est reliée à l'ensemble de l'appareil, par quatre chaînes fixées à ses extrémités, passant sur les deux poulies à double gorge P, P, et s'enroulant ensuite sur deux autres poulies semblables P′ P′. Sur l'arbre de ces dernières sont placées, aux extrémités, deux poulies P″ P″, sur chacune desquelles s'enroule, en sens contraire de l'enroulement sur les poulies P′ P′, une chaîne supportant à son extrémité inférieure un contre-poids ; enfin, une roue d'engrenage R communique avec un pignon *r* qui est calé sur l'arbre portant le frein F.

La manœuvre du transbordement se fait ainsi : le wagon placé sur la plate-forme est entraîné par son propre poids et descend verticalement le long des montants M M ; dans ce mouvement de descente, qui est modéré par le frein F, les chaînes des poulies P′, P′ se déroulent, tandis que celles qui supportent les contre-poids s'enroulent sur les poulies P″ P″. Quand le wagon a atteint une position convenable sur le navire, on arrête le mouvement en serrant le frein ; à ce moment, la portière du fond est ouverte et le charbon tombe dans le navire. Les contre-poids, en se relevant, font reprendre au wagon vide la position qu'il avait au départ.

Trois hommes sont employés à la manœuvre du drop et à celle des wagons. Le prix de revient par tonne embarquée, toutes dépenses comprises, est de $\frac{734}{1000}$ de penny, soit 0f,0734.

Les divers appareils, qui ont été successivement décrits, quelle que soit leur combinaison mécanique, ont tous un même but, celui d'embarquer de grandes quantités de charbon sans tenir compte du déchet qui résulte de la mise en mouvement de pareilles masses ; ce déchet varie de 10 à 20 0/0, d'après la nature du charbon et la hauteur de chute qui dépend elle-même des dimensions du navire en charge. Cet inconvénient est commun à tous les appareils qui, comme le tip, le spout et le drop, embarquent en bloc le contenu d'un wagon. Pour y obvier dans certaines localités où les charbons sont friables, on a appliqué l'embarquement par caisse, à l'aide du drop ou de la grue hydraulique : on a ainsi, en descendant le charbon dans la cale du navire, abaissé la hauteur de chute et diminué la proportion du déchet ; mais ce procédé n'a pas pu se généraliser, à cause de la lenteur de l'opération et de l'obligation imposée aux exploitants de se servir d'un matériel spécial pour le transport des houilles, des mines au port d'embarquement. C'est pourquoi, dans les grands ports charbonniers où le trafic est considérable, le mode d'embarquement par wagon a prévalu à cause de sa rapidité.

L'exportation des charbons a pris, dans ces dernières années, un si grand développement, que l'emploi de moyens moins rapides que ceux en usage aurait pour conséquence immédiate de ralentir les transactions et de soulever, par suite, les réclamations du commerce et celles de la marine.

Ce commerce d'exportation, qui est une si grande cause de prospérité pour l'Angleterre, va toujours en augmentant; on peut en apprécier l'importance par le tableau ci-après qui donne les quantités exportées, pendant l'année 1865, des principaux ports charbonniers du nord et du midi de la Grande-Bretagne :

North-Shields (Northumberland-dock)	1,816,469 tonnes.
South-Shields (Tyne-dock).	2,129,949
Old Hartlepool (Victoria-dock).	876,174
West Hartlepool.	718,730
Sunderland (Wearmouth-dock).	82,086
Sunderland (South-dock).	1,015,564
Cardiff.	1,415,941
Newport	291,697
Swansea.	520,806
Llannelly	135,600
Total. . . .	9,003,016

Une seule compagnie, le North-Eastern rail-way, a transporté 3,806,939 tonnes de charbon, qui ont été embarquées dans les quatre docks qui lui appartiennent : Tyne-dock, Victoria-dock, West-Hartlepool-dock et Wearmouth-dock.

En France, il n'existe pas jusqu'à présent de ports charbonniers comme en Angleterre. Beaucoup de ports reçoivent des charbons étrangers, quelques-uns expédient des charbons du pays; mais dans aucun d'eux la manutention n'a pris assez de développements pour que l'installation d'appareils mécaniques se soit imposée comme un véritable besoin. Il ne faut pas perdre de vue, d'ailleurs, que les charbons français sont généralement friables, et que s'ils étaient embarqués par des procédés rapides, la proportion de déchet, qui se produirait nécessairement, les déprécierait notablement sur les marchés où ils pourraient faire concurrence aux charbons étrangers.

Quoi qu'il en soit, l'extraction des mines françaises et les importations de charbons étrangers augmentant sans cesse, par suite du prodigieux développement de la consommation, et la main-d'œuvre augmentant aussi, le jour n'est peut-être pas éloigné où l'attention des ingénieurs pourra être appelée sur l'opportunité de munir d'appareils mécaniques certains de nos ports.

PARIS. — IMPRIMERIE DE P.-A. BOURDIER ET Cie, 6, RUE DES POITEVINS
Imprimeurs de la Société des Ingénieurs civils.

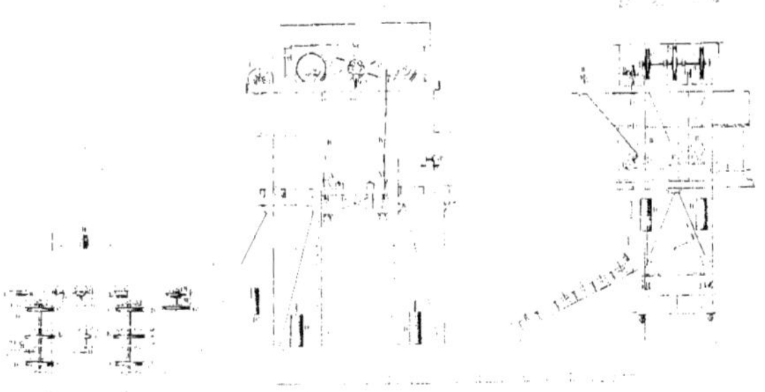

Plan d'Ensemble des Docks de Cardiff

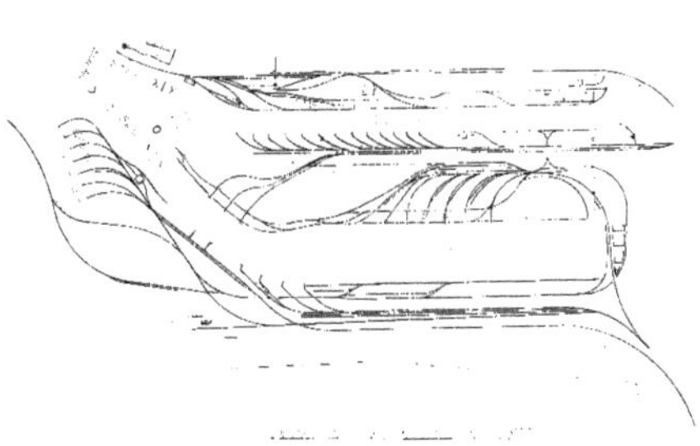

EMBARQUEMENT DES CHARBONS DANS LES PORTS ANGLAIS.

Pl. 2.

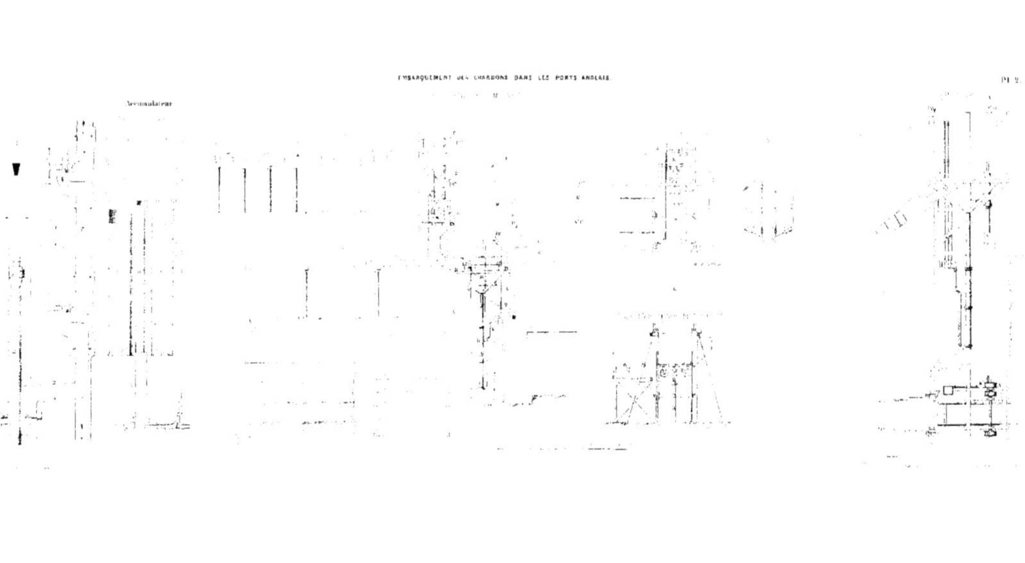

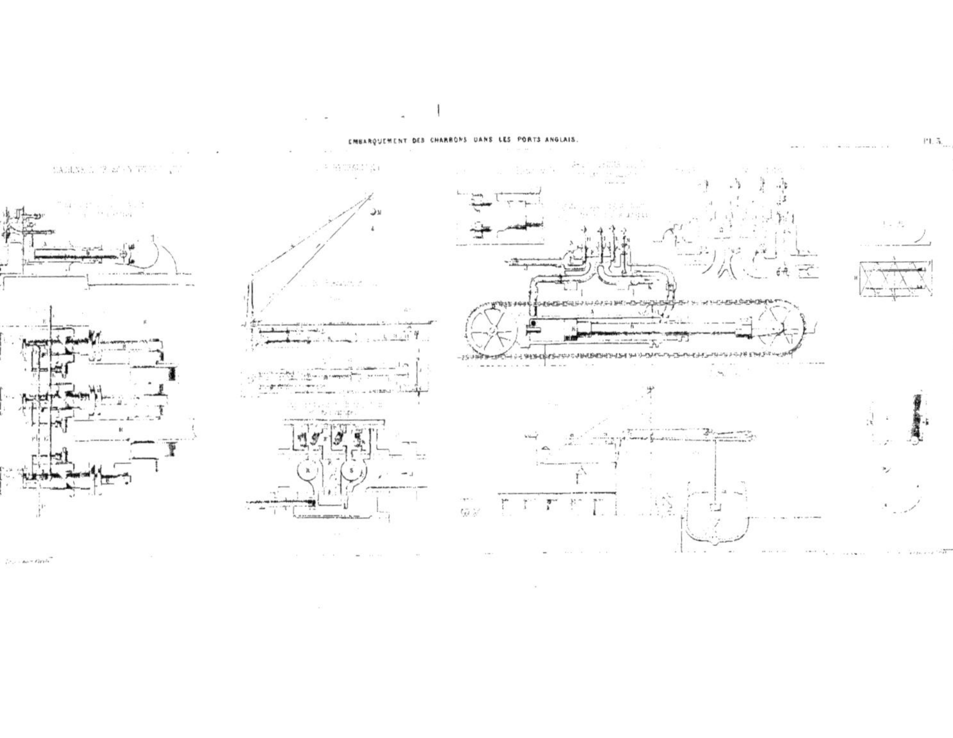

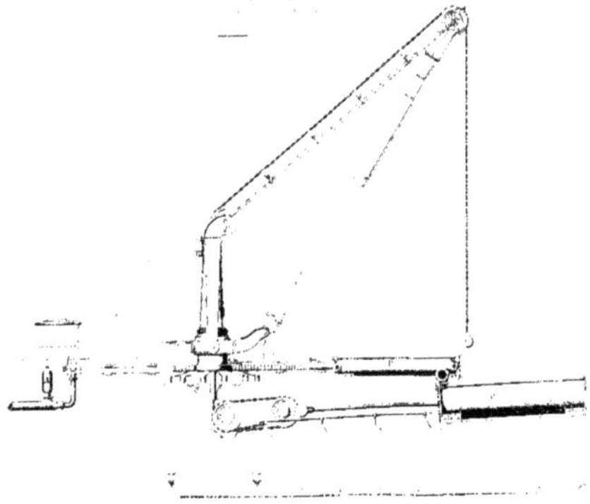

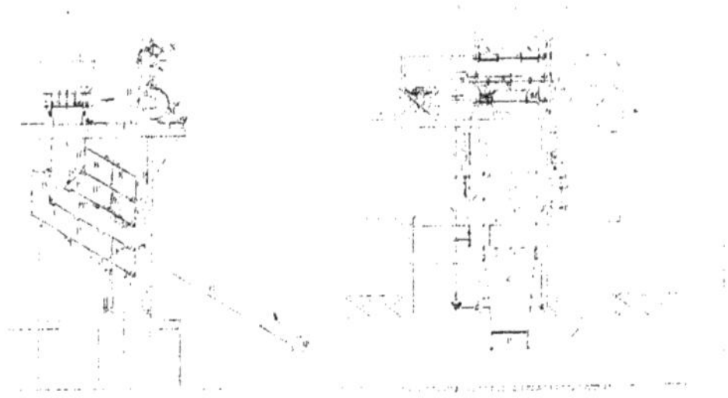

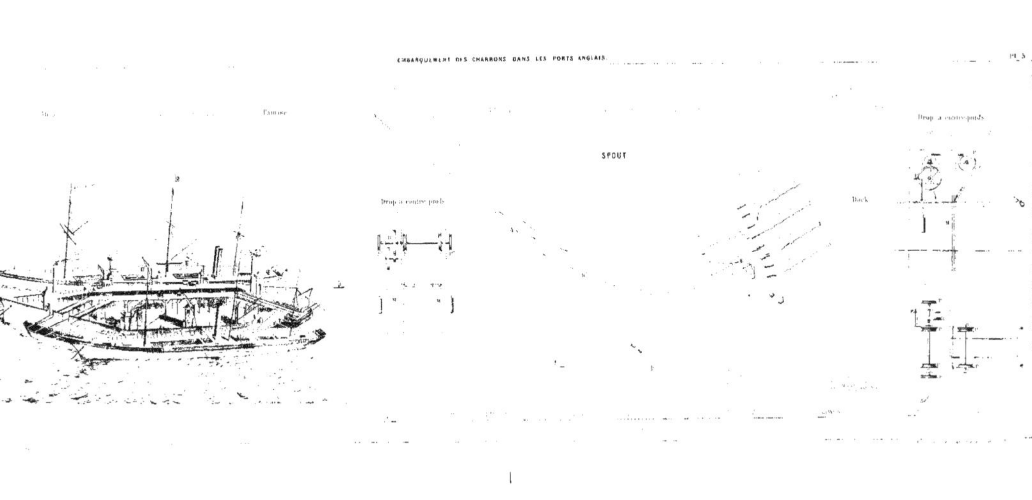
EMBARQUEMENT DES CHARBONS DANS LES PORTS ANGLAIS
Pl. 5
Tamise
SPOUT
Drop à contre-poids
Dock
Drop à contre-poids

EMBARQUEMENT DES CHARBONS DANS LES PORTS ANGLAIS.

SPOUT

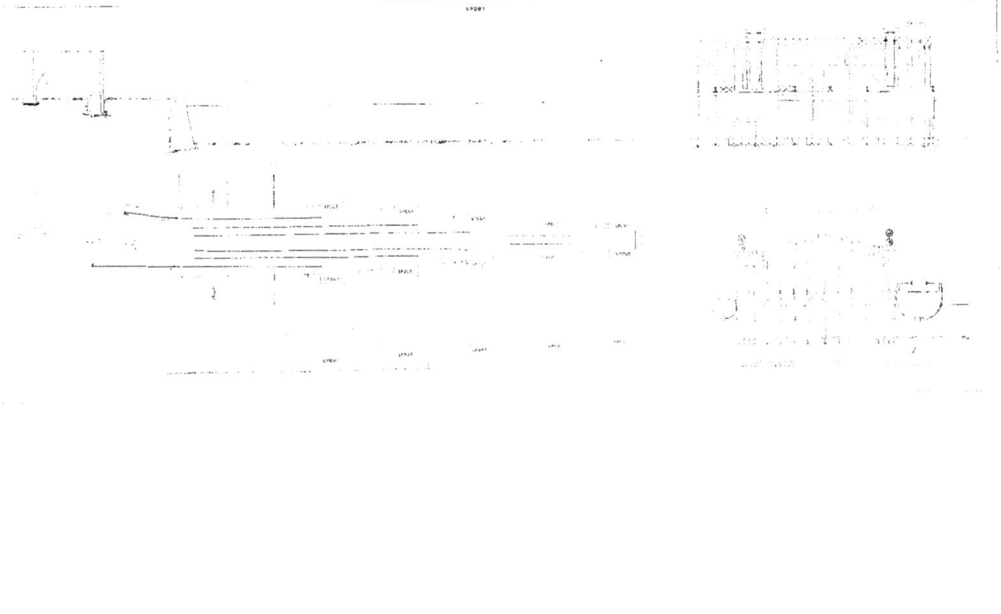

Pl 6.

SPOUT

SPOUT

SPOUT

SPOUT

SPOUT

SPOUT

SPOUT

SPOUT

SPOUT

www.ingramcontent.com/pod-product-compliance
Ingram Content Group UK Ltd.
Pitfield, Milton Keynes, MK11 3LW, UK
UKHW021037180726
13838UKWH00004B/1847